José Luis Morante

Viajeros sedentarios

(Haikus, 2020-2024)

LA GARÚA
POESÍA · *Haiku, 10*

Primera edición: febrero de 2025

Dirección: Jesús Aguado y Joan de la Vega

Consejo editorial: Pablo F. Sopuerta, Lola Irún,
Paula Gámiz y Maribel Sola

© texto, José Luis Morante
© LA GARÚA LIBROS
Barcelona (España)
www.lagaruapoesia.com

ISBN: 978-84-128186-8-0
Depósito Legal: B 1644-2025

ENCUENTROS

De entrada, la materia poética del haiku muestra aparente sencillez y una severa pauta métrica. Su consolidación se remonta hacia el siglo XVII, aunque existían precedentes en el copioso cauce de la antigua poesía japonesa. El devenir asentó con paciencia los peculiares rasgos tonales y alentó una discreta evolución en las voces que enseñaron a sentir: Matsunaga Teitoku, Nishiyama Sōin, Matsuo Bashō, Yosa Buson o Issa Kobayashi. En todas, la fuerza del poema se cimenta en la modesta química de lo instantáneo. El vuelo asegura una intensidad gozosa. Pupila abierta para cobijar argumentos transparentes, más allá de la supuesta condición de lírica estacional. La carencia de artificio retórico crea la sensación de chispazo inmediato, de fruta a punto.

El equilibrio de la estrofa se ha ido aclimatando en espacios geográficos distantes. Desde principios del siglo XX se escriben haikus en Francia, España o Italia y comienza a ser registro expresivo habitual en países latinoamericanos como México, Venezuela y Ecuador. La diversidad de intentos advierte que no hay una sola modalidad sino un transitar que fecunda surcos y recrea asuntos alejados del tradicional enfoque temporal. Además, en sus versos se pueden escuchar las pulsaciones del hablante verbal, ya exento del velado biográfico que negaba al autor sus razones de vida.

La observación —sea interior o exterior— concede al trío versal una savia más libre, un fluir pensativo, ajeno a penumbras intelectuales e impregnado por la cercana presencia del escenario. Así nace un haiku aposado en la percepción que refleja los principios canónicos y su cadencia musical.

Sin pretensiones dogmáticas, el poema mira el horizonte donde ascienden sensaciones que buscan el levitar del aire. Desde lo inmediato, las palabras caminan hacia una amanecida renovada a diario.

Las imágenes visuales se visten de víspera, mientras preservan los registros luminosos del contraste.

Los haikus de *Viajeros sedentarios* acogen el contacto con lo efímero, el suceso mínimo cotidiano y la maraña de encuentros con protagonistas y secundarios de la vida social. Suman instantáneas. Despliegan rutinas y dibujan con trazo descriptivo la dermis del tiempo. Son eclécticos. Aluden a facetas dispares del aquí en el ahora, a esa aparente acción tocada por la contingencia que ya dobla la esquina.

José Luis Morante
Rivas, invierno de 2024

A Manuel Lara Cantizani,
hoja desprendida,
In memoriam

Oficio de mirar

En la más honda espesura
de la montaña
llegar a la desnudez

TANEDA SANTÔKA

Pizca de brisa
mientras el estornino
vuela por mí.

Oscuras nubes
cabalgan entre juncos.
Tambores ciegos.

Labios abiertos;
no sé lo que desea
la voz del río.

Nadie pregunta
al manojo de lilas
si tiene sed.

Quejas continuas.
El sudor y la fiebre;
con frío, dentro.

Nunca termina
el viaje de las hojas;
andén del aire.

Qué sordidez.
Tanto ruido en los tímpanos,
aunque no hay voz.

Suena a lo lejos
aquel tren de la infancia.
Raíles. Humo.

Vigor del suelo.
Un aroma a raíz,
a noche y barro.

Sobre mis pasos
la fatiga dormida.
¿Quién la despierta?

Guardan los cables
pentagramas de trinos,
negras, corcheas.

Tras la llovizna
las baldosas sacuden
los calcetines.

Atardecer.
Manchas de nubecillas
con manos ocres.

Las rosas blancas
quiebran en el jardín
tanto silencio.

Risas; los ojos
en alegre vigilia;
otra vez llueve.

Cerca del fuego
pone sillas el frío.
Frotar de manos.

Escombro blanco,
el muñeco de nieve
busca nariz.

Alzar de párpados
para avisar al día.
El sol no basta.

Qué voluntad
en las huellas perdidas,
fuera de sitio.

Sin pestañeos,
larga tarde del niño.
Flotan los plomos.

Si no lo miras,
busca sitio en el aire
un colibrí.

Cantos rodados,
la sequedad del día,
único cauce.

Cuando la tarde
es goteo de plumas,
las risas vuelan.

Peñas arriba,
el tacto del espliego
y las retamas.

Terco diciembre,
vendaron la pupila
nubes en capas.

Desequilibrio.
El acróbata cae;
las manos, gritos.

La chimenea
—bocanadas de humo—
con leña húmeda.

Dos mariposas
colgadas en el aire
tensan los hilos.

Toda la noche
las brasas del incendio.
Dónde la lluvia.

Parcos recuerdos
rozan la piel del día.
Formas en fuga.

Abre el arado
los terrones del surco.
Tordos y urracas.

Me sobrecoge
el chasquido del suelo.
Un nido cae.

Se fue la lluvia;
casi veloz, con prisa,
el caracol.

Seca medusa,
como vajilla rota
de gelatina.

La vieja casa
perdió las ataduras,
óxido y ruinas.

De sobremesa
goterones de lluvia.
Falta sorber.

Crestas azules,
el corral de las olas,
quiquiriquí.

(Variación a Luis Alberto de Cuenca)

Con luz o noche,
en un lugar, en otro,
pero contigo.

Hundir las manos
en las grietas celestes.
El mar adentro.

Nunca son pocos.
Remueven los columpios
igual que mirlos.

Arde en el tímpano
el grito del ausente,
desde muy lejos.

Después de todo,
a través de la noche,
llegar a ti.

Revoloteos;
un levitar de polvo
y los mendrugos.

Brocal de piedra.
Se reclina la sed.
El cubo baja.

Buscar la pulpa
bajo la piel sin mácula.
Temblor del labio.

Se mece sola
suspendida en el aire.
Jaula sin plumas.

Cita la sombra
y es la piel el atajo.
Estoy más cerca.

Ágil retorno.
Siembran pasos alegres
las zapatillas.

Los atropellos
de sus ojos azules.
Débil, la culpa.

Quema la sed.
Con los brazos abiertos,
casi la arena.

Rayas oscuras,
lápices de grafito
en la tormenta.

Allí también
alfileres y agujas
cosen palabras.

Lágrimas secas.
Esconde los fantasmas
detrás del miedo.

Una alambrada
y la ropa invisible
de los que faltan.

El haz de hierba
pone jergón al sueño
con gesto inútil.

La bruma fría
traspapela la tarde;
pies indecisos.

Rompió la sed
en los abrevaderos.
Arcilla inane.

Un mismo tronco
el verdor de los brotes,
la rama seca.

Río de luz,
la crecida de lava
desborda márgenes.

Otros caminan
por el mismo sendero.
Me guardan sitio.

Noches y días;
viajeros sedentarios
sin cobertizo.

Quema de cerca
el aliento de sombras.
Alguien detrás.

Dueños del eco,
los zumbidos castigan
al viejo oído.

Sol matinal.
Un dique de silencio
resguarda olas.

Allí la rosa
no se mira al espejo,
cierra los ojos.

Lluvia de más.
El patio bebe charcos;
ninguna sed.

Verdor de fronda,
umbría en el camino,
sobre el viajero.

No vive nadie,
solo la puerta rota,
gimen los goznes.

Quejas al paso;
la nieve multiplica
el largo trecho.

Punto de encuentro.
Los mástiles, el cielo
y nochevieja.

Ya no se aman.
Las lumbres del deseo
queman de espaldas.

Fuerzan las piedras
el vuelo prematuro.
Cuerpos al aire.

Al bostezar
el jersey de la tarde
se decolora.

Todos los días
amanecen conmigo,
pero qué lejos.

La flor; apenas
la blancura del copo
y ya renuncia.

En el exilio
territorios sombríos.
Nunca el mar.

Atardecer.
Empujan las ventanas
furtivas sombras.

Tanta cellisca,
ya nada ven los ojos.
Vuelve la noche.

Hacia la luz.
El girasol pendiente,
cuando despierta.

Ese dolor
que punza la retina.
Hoja perenne.

No decir nada.
Que cuenten los silencios
relatos mudos.

Alzan las olas
sobre lo más profundo
un techo firme.

Entrega urgente,
el mar, el sol también,
si tú lo quieres.

Aquel olor
a castañas asadas
y cigarrillos.

Cuando regresen,
una cama de niño
aguarda cita.

En alta mar
la claridad del día,
salitre nuevo.

Nubes de frío
acampan en mis labios
y ponen lumbre.

Aunque la casa
cobija el largo péndulo,
solo mutismo.

Retales sucios,
crónico desaliño,
ya nadie cose.

Un hilo cuelga
del telar de la tarde.
Ronda la mano.

Lejos, al fondo,
más allá de los montes,
sin ningún rumbo.

Los riesgos callan
el azar de la ruta.
Basta seguir.

Un ladrar vivo
asusta la quietud.
Huye la víbora.

Sobre los hombros
el nido del invierno.
Olor a leña.

Antes de ti
la noche congelada.
Solo piel seca.

Lejos, aparte,
umbrales a trasmano
donde volver.

Que solo quede
el olor del vacío,
exacto hueco.

El rumor de la luz

Un poema no existe si no se oye,
antes de su palabra, su silencio

JOSÉ ÁNGEL VALENTE

El sentimiento de cómo el mundo real canta
mientras la soledad y el silencio
me apartan del mundo habitable

VIRGINIA WOOLF

Una acuarela
de claridad difusa
pinta las manos.

Amanecer,
reflejos del cristal:
trinos y pájaros.

Tensar el arco,
que viajen en la flecha
certeros ojos.

Livianos, vuelven.
La vela del recuerdo
chisporrotea.

Alza sus brazos
la palidez del día.
Es cuanto queda.

Amistad fiel;
el almendro sonríe,
condensa luz.

Al despertar
cielo limpio, desnudo,
ojos sin nubes.

Solo pisadas.
Incógnita tristeza
sobre el reloj.

Dos ciegos hablan.
Es un día de luz,
dicen sus manos.

La vieja red
desata nudos fuertes.
El mar más libre.

A mediodía
el arrabal dormita.
Vivir sin nada.

Un paso más.
En el aire el hedor
también camina.

Despertar ocre;
el sueño del camino
bajo las rocas.

Atardecer.
Alguien busca la luna
en un poema.

Entre las sábanas,
en el árbol del sueño,
oye trinar.

El equilibrio
de la flor en la rama.
Lumbre por dentro.

Abre la boca
el aliento del aire;
sabor a moras.

El agua turbia
enmudece la sed.
Más lejanía.

Las parvas duermen.
Cabizbajos los bieldos
con poca brisa.

El aire prueba
un perfume de salvia,
mana de ti.

Mirar arriba
y que la luz restañe
la cicatriz.

Bajas las nubes,
a punto de caer;
frágil techumbre.

Ya con pijama,
la tarde en el crepúsculo.
Rojo cinabrio.

Las cosas saben:
de nadie es patrimonio
tanta belleza.

Ya casi nunca
amanece puntual.
Ir con retraso.

Densa la noche;
un Robinson sin isla,
otro naufragio.

Zona de sombra.
Huye la luz de nuevo.
Me deshabita.

Ojos abiertos,
entre sombras al raso
los confidentes.

Y sin embargo
el camino reparte
más extravíos.

Idas y vueltas;
las hormigas compiten.
Labor febril.

Atardecer.
El jardín en silencio.
Toses, murmullos.

Viene detrás,
cabizbajo y conmigo,
el viejo tedio.

El cenagal
consumió los colores
de la pradera.

El árbol bebe
la crecida del río.
La sed resiste.

Entre los tiestos
un moscardón planea.
Precaria fuga.

Cuando se va,
ansía recordar
la piel desnuda.

Un cosquilleo
en las manos dormidas
de la nostalgia.

Aún con sueño,
el manso peñascal
se pone en pie.

Cálida tarde,
un haz de leña seca
busca mechero.

El simple canto
de mirlos y gorriones
llega puntual.

Asier y Luna
prenden en mi mejilla
la flor de pascua.

Cuánto compás
en los niños que duermen.
El reloj calla.

Entre juguetes,
la lombriz sin ocaso.
Húmeda senda.

Papel y lápiz,
el dibujo con pulso.
Vuelan las formas.

A solas dicto
tareas por hacer:
mirar tus ojos.

Al mediodía
el almendro recuenta
monedas blancas.

El jardinero
desbrozando parterres.
Tiemblan los tallos.

La grava suelta
al subir la pendiente
añora pasos.

A pleno sol
una brisa constante.
Tal vez, el mar.

Estar ahí,
en la roca prendida,
qué resistencia.

Todo se abre,
una frágil semilla
alza la voz.

En la negrura,
al fondo del jardín
labor de topos.

Solo, testigo
entre tanta belleza.
La luz sonríe.

Guarda la brisa
el viaje de los pétalos,
sus alas tenues.

Con viento y lluvia
se ha quebrado la rama.
Restos del nido.

Cómplices charlan
el aroma del níspero
y las avispas.

Otro bostezo
de brisa imprevisible.
Sin recaer.

Afinan solos
las notas musicales
los estorninos.

Dan un rodeo
los bulbos al cavar.
Fuera de escena.

Las brevas rozan
esa luz inasible
de piel madura.

Llegas de nuevo;
el camino sonríe,
recuerda pasos.

Recién caído,
tiende manos el fruto
de piel brillante.

En el andén
al final de trayecto
un paso más.

Lejos, a solas
contempla la laguna.
Igual quietud.

Qué claridad.
Nevar nos hace niños.
Rojas, mis manos.

El cristal roto
y la casa vacía.
Pasos furtivos.

Detrás el pueblo,
un bancal de nostalgia
y no lo sabe.

Mientras, espera
la leña bajo techo
rojas caricias.

La bici, cerca,
el juncal, los tebeos...
Huellas del niño.

Arracimadas,
las moras de la infancia;
granas los labios.

En vuelo, casi,
bajo la luz de paso
del sol poniente.

Vamos al mar.
El jardín lagrimea
mañana y tarde.

Alguien nos mira;
una pálida sombra.
Las manos tiemblan.

La noche breve
y el tintero vertido
en las baldosas.

Tras el abrazo,
en calma los sentidos,
sin hacer nada.

Detrás de mí,
la tarde sin mirar.
Cierzo de cara.

Una fogata
es manantial de frío
mientras arrulla.

El olor cubre
densos grumos de lodo;
aguas fecales.

Seguir más lejos.
A pie firme las rocas.
Sed, noche, niebla.

En soledad.
Tan cerca de los pájaros.
Olor a cielo.

Escombros sucios,
las ruedas del triciclo
que nadie busca.

Alzan el vuelo
los grises de la lluvia.
Un arcoíris.

Oye la noche
el desplome tardío
del macetero.

Cabe decir
que las nubes olvidan
la tierra yerma.

Un cobertizo
capaz de cobijar
vuestra memoria.

De madrugada
el trasiego de golpes
y la vigilia.

Ladridos lejos,
el silencio, descalzo,
dobla su ropa.

Mide las llagas,
a lo largo del muro,
el olor acre.

A plena luz
y la misma ceguera
tan sola y frágil.

Un eco roto,
cacarea conmigo
el estribillo.

Gritan los goznes;
al gesto de salir
motas de luz.

Amanecer.
Los zapatos caminan,
las casas solas.

Desparejado,
al vaivén de la rama,
sin tocar suelo.

Cobijan tarde
el tejar y la choza.
Detrás la luna.

Urge llegar.
Imagina la meta
un trago fresco.

Que no se duerma
en el reloj de piedra
ninguna hora.

Más cerca aún
el techado del aire
y la cometa.

Las rastrojeras.
Desfleca su vigor
la voz del fuego.

Alguien sisea.
La paciente vigilia
protege el nido.

En el sigilo
de la grieta, sin prisas,
el ratón come.

Final del sueño,
la luz de la mañana
pide silencio.

Al filo de la noche
la suela aquieta pasos;
el miedo en vilo.

Al aire libre
con pies entumecidos,
en carne viva.

Patos y grullas,
el agua remansada
en el juncal.

Dónde las manos
que borran cielos rasos
en cada gesto.

En la desidia
los brincos del reloj
torpes, en danza.

Mirar sombrío,
cejijunta la niebla;
no sé qué trama.

Sin ruido, yerta,
nel mezzo del cammin
una sandalia.

Bebe la calma
el alivio del grifo.
Ningún derroche.

Cuánto desnorte;
confunden la cuneta
con el camino.

Yerbas y hormigas
buscan juntas frescor
bajo las piedras.

Con pasar tenue
el tiempo sigiloso.
Vaga perdido.

Ya plena noche
la casa de mis padres.
Sin las esquinas.

Dentro de mí
la lumbre recobrada
del primer beso.

El ventanal
perfila los desnudos.
Ojos absortos.

Alza, tranquilo,
su levedad al aire.
Respiración.

Los tiernos dedos
al borde la cuna.
Mínimo llanto.

En la cabaña
una lengua repleta
de luz y abrigo.

Ser casi nadie,
empaña los espejos
otra mitad.

La compañía
de quienes vuelven solos.
La nada y yo.

Límite justo
en el acantilado.
Volver después.

Duerme, sin pulso,
un mar muerto de signos.
Solo silencio.

Final del día;
avecillas de polvo
nievan las manos.

Callan los haikus,
como granados surcos
tras el barbecho.

NOTA DEL AUTOR

En el camino de *Viajeros sedentarios* la callada labor de cuatro otoños. Los haikus crecieron despacio, buscando luz solar. Naturalidad y transparencia. Debo el título de estas composiciones minimalistas a Juan José Martín Ramos, narrador, aforista y editor de Polibea, quien reivindica que el viaje no es desplazamiento sino habitar con la mirada un lugar y buscar sitio en su pulsión interior.

Mientras escribía, escuchaba el rumor de otras voces que han dejado su aliento entre mis textos. Dejo sus nombres en silencio, a resguardo, para que su compañía sea camino y norte. A Joan de la Vega y Jesús Aguado, que abrieron las manos para que todo sea, mi gratitud.

Índice

Viajeros sedentarios
(Haikus, 2020-2024)